打通多重记忆思维，
告别死记硬背，轻松"吃透"古诗文

爱上古诗文其实很简单

比格豹童书 著/绘 **2**

电子工业出版社
Publishing House of Electronics Industry
北京·BEIJING

【目 录】

村居　　清·高鼎 \ 4

咏柳　　唐·贺知章 \ 8

赋得古原草送别（节选）
　　　　唐·白居易 \ 12

晓出净慈寺送林子方
　　　　宋·杨万里 \ 16

绝句　　唐·杜甫 \ 20

悯农（其一）　唐·李绅 \ 24

舟夜书所见　清·查慎行 \ 28

所见　　清·袁枚 \ 32

山行　　唐·杜牧 \ 36

赠刘景文　宋·苏轼 \ 40

夜书所见　宋·叶绍翁 \ 44

望天门山　唐·李白 \ 48

饮湖上初晴后雨　宋·苏轼 \ 52

望洞庭　唐·刘禹锡 \ 56

早发白帝城　唐·李白 \ 60

采莲曲　唐·王昌龄 \ 64

司马光　选自《宋史·司马光传》\ 68

绝句　唐·杜甫 \ 72

惠崇春江晚景　宋·苏轼 \ 76

三衢道中　宋·曾几 \ 80

忆江南　唐·白居易 \ 84

村居

清·高鼎

草长莺飞二月天,
拂堤杨柳醉春烟。
儿童散学归来早,
忙趁东风放纸鸢。

注

村居：住在乡村。

拂：轻轻擦过。

春烟：春天水泽、草木等蒸发出来的烟雾般的水汽。

散学：放学。

纸鸢：一种纸做的形状像老鹰的风筝，泛指风筝。鸢，老鹰。

译

农历二月，青草生长，黄莺飞来飞去，杨柳垂下柔软的枝条轻拂堤岸，仿佛在春天的雾气中醉得摇摇晃晃。村里的孩子们放学后早早回到家，赶紧趁着春风把风筝放上天。

诗歌助记

村居
清·高鼎

 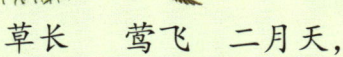

草长　莺飞　二月天，　　拂堤　杨柳　醉春烟。

儿童　散学　归来　早，　　忙趁　东风　放　纸鸢。

□ □

清·高□

□□□□二月天，

□□□□醉春烟。

儿童散学□□□，

忙趁东风□□□。

古代的孩子玩什么

《村居》的作者高鼎隐居在农村，春天到来时，青草生长，鸟儿飞舞，一片生机盎然，活泼贪玩的孩子们放学后赶紧跑回家拿出风筝来放。欣欣向荣的早春景色，天真烂漫的儿童，让诗人忍不住用诗句把这美好的景象记录了下来。

古代没有手机和电脑，也没有那么多玩具，小朋友的玩具大多都是就地取材，大自然就是他们的游戏场。很多古诗也描写了小朋友们游戏玩耍的场景。

郎骑竹马来，绕床弄青梅。

唐·李白《长干行》

儿童急走追黄蝶，飞入菜花无处寻。

宋·杨万里《宿新市徐公店》

意欲捕鸣蝉，忽然闭口立。

清·袁枚《所见》

知有儿童挑促织，夜深篱落一灯明。

宋·叶绍翁《夜书所见》

咏柳

唐·贺知章

碧玉妆成一树高，
万条垂下绿丝绦。
不知细叶谁裁出，
二月春风似剪刀。

注

碧玉：碧绿色的玉。这里比喻春天嫩绿的柳叶。
妆：装饰，打扮。
丝绦：用丝线编织成的带子。这里指像丝带一样的柳条。

♪ 诗文声律

妆成 ⇌ 垂下
细叶 ⇌ 春风

译

翠绿的新叶像柳树上装饰着的片片碧玉，
垂下的柳条像千万条绿色的丝带。
不知道这细长的柳叶是谁裁剪出来的，
就是二月的春风，像一把神奇的剪刀。

诗歌助记

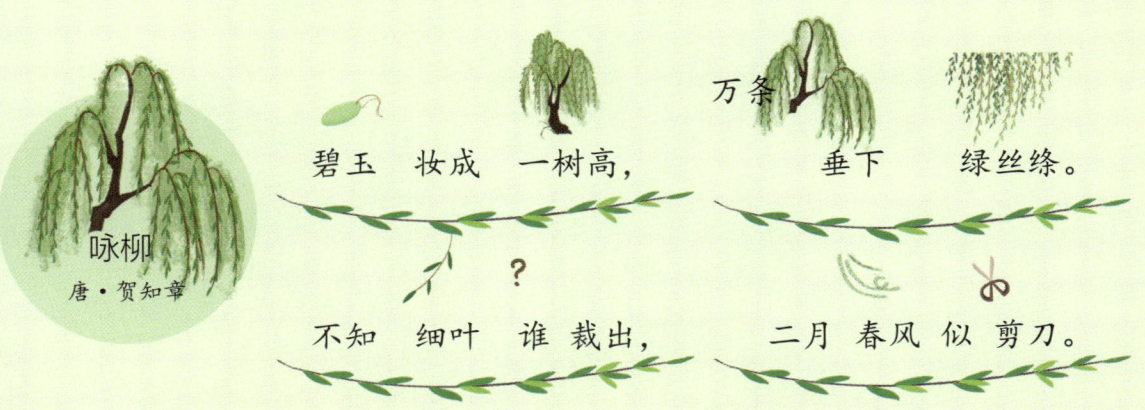

咏 □

唐·贺□□

□□妆成一树高，

万条垂下绿□□。

不知□□谁裁出，

二月□□似剪刀，

金龟换酒

《咏柳》的作者贺知章性格狂放，酷爱喝酒。杜甫把他和李白、草书大家张旭等七人合称为"饮中八仙"，并为他们写了一首诗，头一个写的就是贺知章。

知章骑马似乘船，眼花落井水底眠。 唐·杜甫《饮中八仙歌》

知章老哥喝醉后，骑在马上像坐在船上一样摇摇晃晃，一不小心落到井里，就在井底睡了一觉。

李白结识贺知章时四十出头，此时贺知章已经八十多岁了，两个性格相投、都爱喝酒的人一见如故。贺知章看过李白的《蜀道难》后，拍案叫绝，称李白为"谪（zhé）仙"（被贬下凡的神仙）。李白的"诗仙"之号正是由此得来。

贺知章请李白吃饭，带的钱不够，当即解下挂在腰带上的金龟当酒钱。金龟是唐朝官员佩戴的一种配饰，称为龟饰，五品以下官员戴青铜龟，四品戴白银龟，三品以上的官员才能戴黄金龟。

赋得古原草送别(节选)

唐·白居易

离离原上草,
一岁一枯荣。
野火烧不尽,
春风吹又生。

注
离离：形容青草茂盛的样子。
岁：年。
枯荣：枯萎和茂盛。

♪诗文声律
野火 ⇌ 春风
烧不尽 ⇌ 吹又生

译
原野上茂密的青草，
每年都会枯萎，然后又长得茂盛。
野火也无法把它烧尽，
当春风吹来，长在地底的根又顽强地生长。

诗歌助记

赋得古原草送别
（节选）
唐·白居易

离离 原上草，

一岁 一枯 荣。

野火 烧 不尽，

春风 吹 又生。

□□古原草送别（节选）

唐·白□□

□□原上草，

□□一枯荣。

□□烧不尽，

□□吹又生。

读懂诗名

赋得古原草送别

- 赋得 → 指定题目标志
- 古原草 → 诗题
- 送别 → 本诗主题

古代文人聚会作诗时,会定好几个题目分给大家,每个人得到某个题目,称为"赋得",写诗时把这两个字加在题目前,表示这是一首命题诗。另外,古人用指定的题目练习写诗,以及科举考试中的命题作诗也称为"赋得"。

"古原草"是本诗的题目,指长在古原上的野草,不要错读成古草原哟。"送别"则是本诗的主题。这里只节选了前面四句,真正的送别在后面:

远芳侵古道,晴翠接荒城。又送王孙去,萋萋满别情。

居大不易

白居易第一次到京城参加科举考试时,按照当时的惯例,拿着自己的诗集去拜访名满京城的大诗人顾况。顾况收下诗集,看到上面的署名,拿白居易的名字开起了玩笑,由此还产生了一个成语:居大不易。但看过诗后,顾况惊叹于这位年轻人的才华,尤其是对这首《赋得古原草送别》大为叹赏,并热心为白居易作推荐。没过多久,白居易这位诗坛新秀的名字就传遍了京城。

白居易?京城房价高,想在这里住可不容易。

打算在哪儿买房啊?我正好有个朋友是做房屋中介的。

晓出净慈寺送林子方

宋·杨万里

毕竟西湖六月中，
风光不与四时同。
接天莲叶无穷碧，
映日荷花别样红。

注
净慈寺：位于浙江杭州西湖南岸的佛寺。
毕竟：到底。
四时：春夏秋冬四个季节。这里指六月以外的其他时节。
接天：像与天空相接。
无穷：无边无际。
映日：太阳映照。
别样：特别，不一样。

诗文声律
接天 ⇌ 映日
莲叶 ⇌ 荷花
无穷碧 ⇌ 别样红

译
毕竟是西湖的六月时节，
风光和其他季节大不相同。
碧绿的荷叶铺展开去，无边无际，像是与天相接，
在朝阳的映照下，荷花格外鲜艳娇红。

诗歌助记

毕竟 西湖六月 中，
风光 不与四时 同。

晓出净慈寺
送林子方
宋·杨万里

接天 莲叶 无穷碧，
映日 荷花 别样红。

□出□□寺送林子方

宋·杨□□

毕竟西湖□□中，

风光不与□□同。

□□莲叶□□碧，

□□荷花□□红。

写景诗背后的故事

　　杨万里是南宋诗人,西湖所在的杭州正是南宋的都城临安。杨万里这时在京城做官,要送好友兼下属林子方去外地任职。

　　这天清晨,诗人和朋友走出寂静的古寺,沿西湖边的堤岸慢慢走着。农历六月是荷花开得最盛的季节。满湖碧绿的莲叶一直延伸到远方水天相接处,朵朵莲花在清晨阳光的照耀下显得格外红艳,杨万里见景生情,写下这首诗送给朋友。

　　除了景色描写,这首诗还暗含了另一重意义。在古代,"天"和"日"通常都用来指皇帝,挨着天的莲叶特别碧绿,阳光照耀下的荷花特别红艳,也比喻待在京城、离皇帝更近的官员,将来得到升迁的机会更大。所以杨万里也是想用这两句诗,表达希望好友能留下来的愿望。

绝句

唐·杜甫

两个黄鹂鸣翠柳,
一行白鹭上青天。
窗含西岭千秋雪,
门泊东吴万里船。

注
窗含：指透过窗子往外看，景物就像被装在窗框中一样。
西岭：西岭雪山。位于四川成都西面，最高峰大雪塘终年积雪，被称为"成都第一峰"。
千秋雪：指西岭雪山上千年不化的积雪。

泊：停靠，停泊。
东吴：三国时期孙权在江南建立了吴国，也称东吴。在现在的江苏一带。
万里船：从万里之外驶来的船。

♪ **诗文声律**

两个 ═ 一行
黄鹂 ═ 白鹭
鸣翠柳 ═ 上青天
窗含 ═ 门泊
西岭 ═ 东吴
千秋雪 ═ 万里船

译
两只黄鹂在翠绿的柳枝间鸣叫，
一行白鹭直飞向湛蓝的天空。
坐在窗前可以看到西岭上千年不化的积雪，
门前码头边停泊着从万里外的东吴驶来的船只。

诗歌助记

绝句

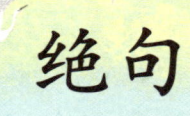

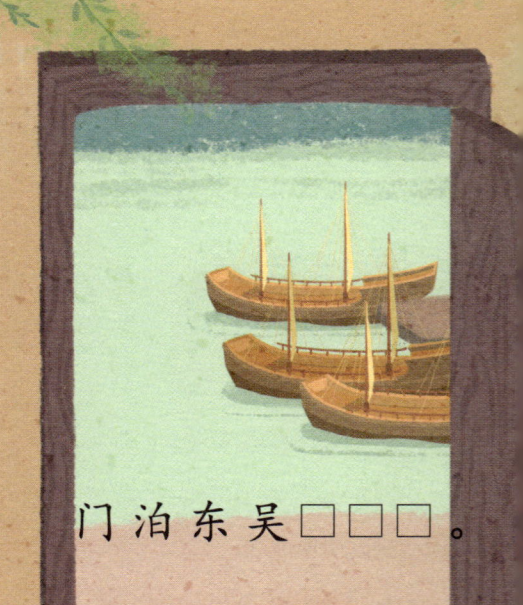

唐·杜□

两个□□鸣□□,
一行□□上□□。
窗含西岭□□□,门泊东吴□□□。

绝句和对仗

绝句并不是指"绝妙的诗句",而是一种诗歌体裁,整首诗只有四句,每句五个字的叫五言绝句,简称"五绝",七个字的叫七言绝句,简称"七绝"。古人写诗,通常用四句表达一个完整的意思,所以称为"绝"句,"再也没有了"的意思。

有些绝句会用到对仗。对仗是指诗歌和文章中字词声调、意义、词性和句子结构的对应,比如平声对仄声,名词对名词、动词对动词。杜甫的这首绝句,对仗非常工整,不仅每个词对上了,甚至每个字都能对上,这在古诗中是非常少见的。

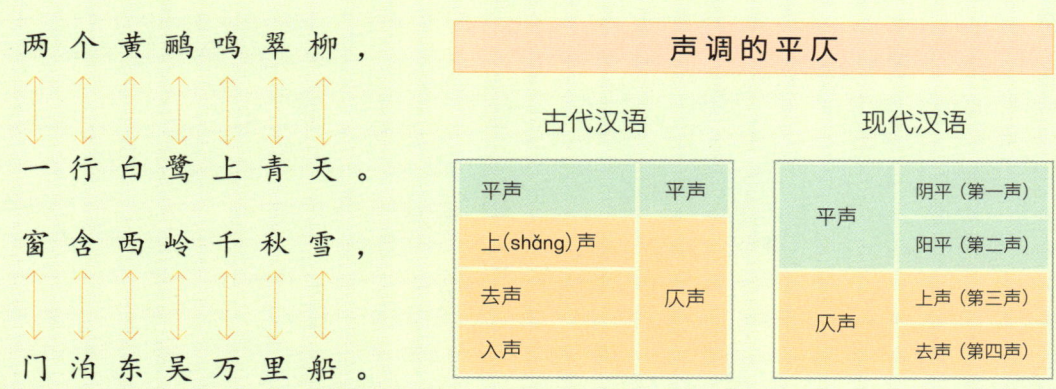

杜甫草堂

终结了唐朝盛世的"安史之乱"期间,为了躲避战乱,杜甫一路辗转来到现在的四川成都,在朋友的帮助下建了一座茅屋住下,后人称这处居所为"杜甫草堂"。杜甫在这里住了快四年,写下了两百多首诗歌。公元764年,也就是安史之乱结束后的第二年,心情大好的杜甫写了一组描写成都一带风光的绝句,共四首,这是其中的第三首,形象地描绘出初春时节草堂附近的美景。

悯农（其一）

唐·李绅

春种一粒粟，
秋收万颗子。
四海无闲田，
农夫犹饿死。

注
粟：谷子，去皮后叫小米。这里泛指各种粮食的种子。
子：指粮食颗粒。
四海：指全国。古人认为中国四周都是大海，所以用"四海之内"来指中国。
闲田：闲置荒芜、没有耕种的田地。
犹：仍然。

♪ **诗文声律**
春种 ⇌ 秋收
一粒粟 ⇌ 万颗子

译
春天只要播下一粒种子，
秋天就能收获很多粮食。
天底下没有一块荒废不种的田地，
却仍有辛勤种田的农民被饿死。

目 诗歌助记

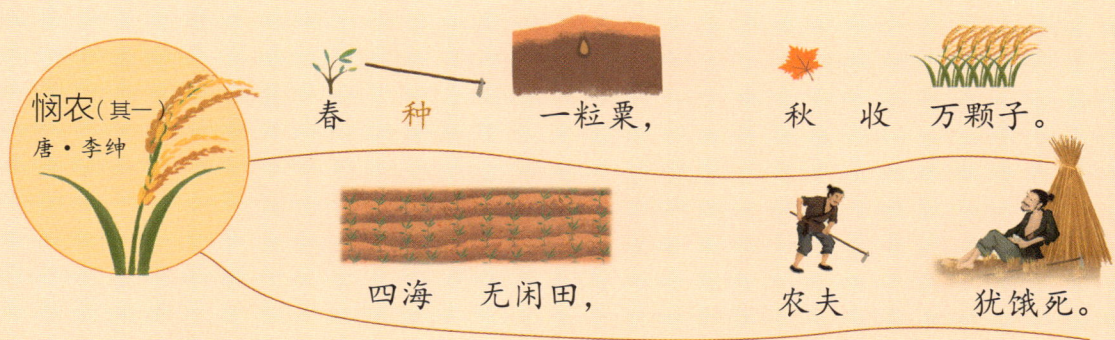

悯农（其一）
唐·李绅

春 种 一粒粟， 秋 收 万颗子。
四海 无闲田， 农夫 犹饿死。

悯□（其一）

唐·李□

春种一粒□，秋收万颗□。

四海无□□，农夫犹□□。

悯农诗

在古代，文人们很少直接参与生产劳动，但有些诗人也能体会到劳动者的劳作艰辛，更为他们辛勤劳动生活却万般艰辛而抱不平，也为此写下了很多诗句，这类诗统称为"悯农诗"。

垄（lǒng）上扶犁儿，手种腹长饥。
窗下抛梭女，手织身无衣。

唐·于濆（fén）《苦辛吟》

耕地种庄稼的男儿，却经常因为没饭吃饿肚子。整天忙着织布的女子，身上却没有像样的衣服。

苦恨年年压金线，为他人作嫁衣裳。

唐·秦韬玉《贫女》

年复一年用金线刺绣，都是为富人家的小姐做嫁衣。

遍身罗绮者，不是养蚕人。

宋·张俞《蚕妇》

浑身上下穿着绫罗绸缎的人，没有一个是养蚕的人。

舟夜书所见

清·查慎行

月黑见渔灯，
孤光一点萤。
微微风簇浪，
散作满河星。

注 舟夜书所见:在船上的夜晚,写下看到的景物。书,写。
见:同"现"。
孤光:孤零零的灯光。
簇:聚集,簇拥。

译 没有月亮的夜晚一片漆黑,渔船上的灯闪现在河面,
孤零零的灯光像萤火虫发出的一点微光。
微风吹来,河水泛起层层波浪,
倒映在水面的灯光散开来,像无数星星洒落在河面上。

诗歌助记

舟夜□□□

清·查□□

月黑见□□,
孤光□□□。

微微□□□,

散作□□□。

烟波钓徒

《舟夜书所见》的作者是清朝诗人查慎行,浙江海宁人。"查"作姓时读 zhā。"慎行"这个名字取自"谨言慎行",说话和做事都小心谨慎的意思,这是古代很多文人的行事准则。当代著名武侠小说作家金庸原名查良镛(yōng),也出生于浙江海宁,和查慎行属于同一个家族。

唐代诗人张志和特别喜欢钓鱼,给自己取了个名字叫"烟波钓徒",意思就是在烟雾笼罩的江湖水面钓鱼的人。同样喜欢钓鱼的查慎行也被称为"烟波钓徒",这个名字是皇帝赐的。

康熙皇帝时,查慎行是翰林院编修,负责起草皇帝的诏书等文件。有一次,康熙皇帝南巡时,让人捕了很多鲜鱼分给随行的大臣。大臣们纷纷写诗感谢皇帝赏赐,查慎行所写的诗最后两句是:笠檐蓑袂(mèi)平生梦,臣本烟波一钓徒。

诗作呈上去后,皇帝非常喜欢,并称他为"烟波钓徒查翰林"。

所见
suǒ jiàn

清·袁枚
qīng · yuán méi

牧童骑黄牛，
mù tóng qí huáng niú

歌声振林樾。
gē shēng zhèn lín yuè

意欲捕鸣蝉，
yì yù bǔ míng chán

忽然闭口立。
hū rán bì kǒu lì

注
牧童：放牛的孩子。
振：振荡，回荡。
林樾：指成荫的树林。樾，树荫。
欲：想要。
捕：捉。
鸣蝉：鸣叫的知了。

♪ 诗文声律
牧童 ═ 歌声
骑 ═ 振
捕 ═ 闭

译
牧童骑在黄牛背上，嘹亮的歌声在树林里回荡。因为想要捕捉树上鸣叫的知了，于是忽然闭了嘴不再唱歌，一声不响地停在树旁。

诗歌助记

所见
清·袁枚

牧童　　骑黄牛，歌声　　振林樾。
意欲　捕鸣蝉，忽然　闭口　立。

□见

清·□枚

牧童骑□□，
歌声振□□。
意欲捕□□，
忽然□□立。

身兼数职的随园主人

和《舟夜书所见》一样，《所见》的作者袁枚也是一位清朝诗人，查慎行生活在康熙皇帝时代，袁枚生活在康熙皇帝的孙子乾隆皇帝时代。袁枚在江宁（现在的南京）等地当过几年县令，三十多岁时就辞了职，在江宁买了一处园子住下来，提前过起了退休生活。

袁枚给新居起名为"随园"，又给自己取名为"随园主人"。这所园子最早是《红楼梦》的作者曹雪芹的祖父曹寅修建的，有一种说法认为这里就是《红楼梦》中大观园的原型。

袁枚虽然辞了公职，但因为他善于经营，收入不减反增。他把随园的田地、池塘出租，收取租金。袁枚勤于创作，写了大量著作，其中的《随园诗话》是一本评论诗歌、诗人的理论书籍；《随园食单》是一本研究美食的烹饪学著作，里面收录了很多美食菜谱；《子不语》是一部写鬼神故事的短篇小说集。而且，这些书都由袁枚自己出版发行。作为文化名人，平时请袁枚写传记、墓志铭的人也很多，收取的稿酬也非常丰厚。另外，他还在随园开办诗文写作班，广招学生，把随园变成了一个文人们聚会作诗、交流创作心得的文化景点。

山行

唐·杜牧

远上寒山石径斜，
白云生处有人家。
停车坐爱枫林晚，
霜叶红于二月花。

注
山行：在山中行走。
寒山：深秋时节的山。
斜：倾斜。古音读 xiá。这里指山间小路弯弯曲曲。
生：产生，生出。一作"深"。"生处"为形成白云的地方，"深处"为云雾缭绕的深处。
坐：因为。
霜叶：经深秋寒霜之后变成红色的枫树叶。

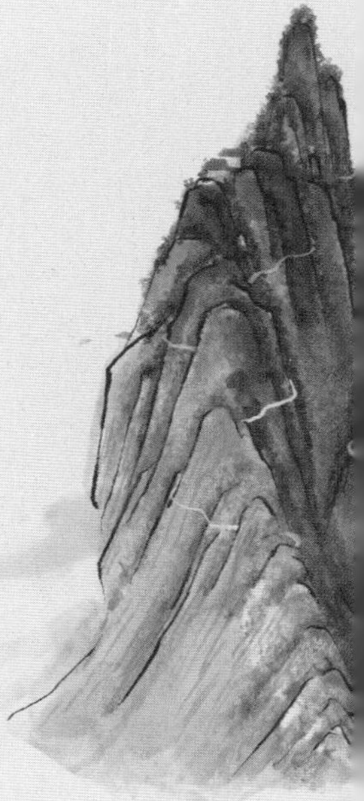

译
远远通往山顶的石头小路弯弯斜斜，
在那升腾起白云的地方有几户人家。
停下马车是因为喜爱傍晚时分枫林的景色，
经历过秋霜的枫叶红得胜过了二月的春花。

诗歌助记

远上　寒山　石径　斜，　　白云　生处　有人家。

停车　坐爱　枫林晚，　霜叶　红于　二月花。

山行
唐·杜牧

山□

唐·杜□

远上□山□径斜，

白云生处有□□。

停车坐爱□□晚，

□□红于二月花。

秋景诗

本诗作者是晚唐著名诗人杜牧，他与比他小十岁的诗人李商隐合称"小李杜"。说到"李杜"，你是不是想起了站在唐诗巅峰的两位大诗人？

《山行》是一首非常出名的秋景诗。诗中有"寒山"，说明这是一首写冬天或秋天的诗。"枫林""霜叶"进一步缩小了时间范围，经历过寒霜、已经变红的枫叶正是秋天的典型景象。

古诗中描写秋天时，经常会带着一层伤感。因为秋天落叶纷纷，万物凋零，很容易让诗人想起时光流逝，人生易老，这种情感称为"悲秋"。而在杜牧的《山行》中，并没有这种伤感的情绪。前面的寒山、石径、白云虽然是一片灰白的色调，但后面突然出现的一片红色的枫叶林，给整个画面带来了鲜亮的色彩。"霜叶红于二月花"一句，更是表达出在作者眼中，秋天丝毫不逊于春天的勃勃生机。

赠刘景文

宋·苏轼

荷尽已无擎雨盖,
菊残犹有傲霜枝。
一年好景君须记,
最是橙黄橘绿时。

注
荷尽：荷花枯萎，残败凋谢。
擎雨盖：这里指荷叶。擎，举，向上托。
傲霜：不怕霜冻寒冷。
君：对对方的尊称。

♪诗文声律
荷尽 ⇌ 菊残
已无 ⇌ 犹有
擎雨盖 ⇌ 傲霜枝

译
荷花凋谢，连那擎雨的荷叶也枯萎了，
菊花凋残，但它的花枝仍在霜冻寒冷中挺立着。
朋友，一年中最好的景致你要记住，
就是那橙子金黄、橘子青绿的秋天。

诗歌助记

荷 尽 已无 擎雨盖，

菊 残 犹有 傲霜枝。

赠刘景文
宋·苏轼

一年好景 君须记，

最是 橙黄 橘绿 时。

赠□□□

□·苏□

□尽已无□□盖，

□残犹有□□枝。

一年□□君须记，

最是□□□□时。

赠刘景文

　　苏轼是北宋时期著名诗人、词人，《赠刘景文》创作于他在杭州当太守期间。当时，刘景文是两浙兵马都监，这是一个品级较低的官职，负责管理两浙（现在的江苏、浙江一带）的军队，办公地点也在杭州。刘景文爱读史书，个性豪放，苏轼对他的评价很高，称他为"国士"，就是国中的优秀人才，后来还极力向朝廷推荐他，刘景文也因此得到了升迁。

　　这首诗既是一首描写秋天景色的诗，也是一首送给好友的勉励诗。刘景文比苏轼大四岁，收到这首赠诗时已经五十七岁，算起来也是人生中的秋季。

　　苏轼用秋天景物来比喻人生境遇。虽然荷花已经落尽，惹人喜爱的圆圆荷叶已经枯萎，但菊花凋谢之后仍有花枝在寒霜中挺立，等待着明年再发新芽。再看看此时橙黄橘绿，果实累累，对应到中老年，也正是人一生中最为丰富厚重的时光。

夜书所见

宋·叶绍翁

萧萧梧叶送寒声，
江上秋风动客情。
知有儿童挑促织，
夜深篱落一灯明。

注 萧萧：这里形容风吹梧桐叶发出的声音。
客情：旅客的思乡之情。
挑：用细长的东西拨弄。
促织：蟋蟀，也叫蛐蛐儿。
篱落：篱笆。

译 萧萧秋风吹动梧桐树叶，送来阵阵寒意，江上吹来的秋风引起旅人的思乡之情。夜深了，篱笆旁还亮着一点灯火，知道那是孩子们在草丛中捉蟋蟀。

诗文声律

梧叶 ⇌ 秋风
送寒声 ⇌ 动客情

诗歌助记

萧萧 梧叶 送 寒声，
江上 秋风 动 客情。
知有 儿童 挑 促织，
夜深 篱落 一灯明。

夜书所见
宋·叶绍翁

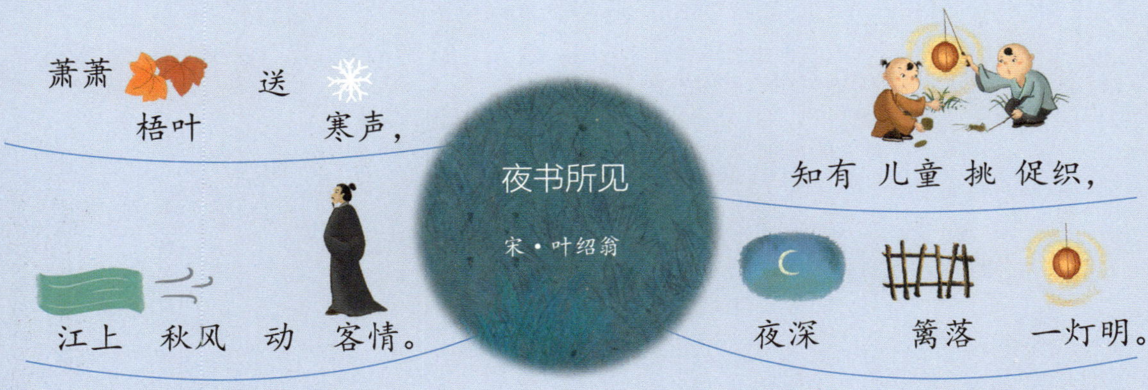

夜☐☐☐

宋·叶☐☐

☐☐☐☐送寒声，

☐☐☐☐动客情。

知有儿童☐☐☐，

夜深☐☐一灯明。

两首夜景诗

前面我们已经学过《舟夜书所见》,现在这首是《夜书所见》,少了一个"舟"。因为前一首是清朝诗人查慎行在船上写的,而《夜书所见》是南宋诗人叶绍翁在江边的村子里写的。想想叶绍翁姓叶,和《夜书所见》的第一个字读音相同,就不会把这两个诗名和作者弄混了。

促织

诗中的促织就是蟋蟀,是一种在夏秋季节鸣叫的常见昆虫,平时喜欢躲在土洞中、砖块下、草丛里,所以孩子们要用草茎伸进土洞里,或是用细棍拨开草丛"挑"促织。

蟋蟀的鸣叫声实际上是振动翅膀发出的声音,鸣声急促,在夜晚听得格外清楚。古代女子在灯下织布时,听到窗外一阵紧似一阵的蟋蟀鸣叫声,仿佛在催促她们赶紧织布,"促织"这个名称也由此而来。

雄蟋蟀生性好斗,把它们放在一个封闭的小空间里,用草茎加以挑拨,两只蟋蟀就会拼命撕咬争斗。在我国古代,斗蟋蟀是一种常见的游戏。

望天门山

唐·李白

天门中断楚江开,

碧水东流至此回。

两岸青山相对出,

孤帆一片日边来。

注

天门山：今安徽东梁山和西梁山的合称。东梁山在今芜湖市，西梁山在今马鞍山市，两山隔长江相对，像天然的门户，天门由此得名。

中断：江水从中间隔断两山。

楚江：即长江。长江中下游部分河段在古代流经楚地，所以这段长江又称为楚江。

开：劈开，断开。

回：回转，折回。

♪ 诗文声律

天门 ═ 碧水
中断 ═ 东流
开 ═ 回
两岸 ═ 孤帆
出 ═ 来

译

长江像一把巨斧，将天门山从中劈开，
东流而去的长江水经过天门山时形成回旋的水流。
两岸青山隔江相对耸立，
一只帆船仿佛从遥远的太阳边悠悠驶来。

诗歌助记

天门 中断 楚江开，
碧水 东流 至此回。

望天门山
唐·李白

两岸 青山 相对出，
孤帆 一片 日边来。

望□□山

唐·□□

天门□□楚江□,

碧水□□至此□。

两岸□□相对□,

□□一片日边□。

中国第一长河

《望天门山》创作于公元725年。当时，青年李白离开四川，乘着小船顺长江而下。在经过现在安徽境内的天门山时，看到两座高耸的山峰夹江相对，长江像是一把大斧，把一座大山从中劈开，汹涌的江水在这里形成回旋的水流。诗人感叹于眼前壮观的景象，写下了这首气势恢宏的诗作。

长江全长6300多千米，是中国第一长河，世界第三长河。世界第一长河是非洲的尼罗河，第二长河是南美洲的亚马孙河，这两条大河都流经多个国家，而长江全程都在中国境内流淌。长江发源于青海唐古拉山脉的各拉丹冬峰西南侧，自西向东横穿中国中部，蜿蜒流过十一个省市区，在上海崇明岛注入东海。

在古代，我国的另一条大河黄河简称"河"，长江简称为"江"。长江各个河段还有自己专属的名字。比如，源头一段叫沱沱河，接下来到青海玉树的一段叫通天河，青海玉树到四川宜宾的河段称为金沙江，宜宾到湖北宜昌的河段称为川江，湖北枝城到湖南岳阳的河段又称为荆江，江西九江段又称为浔（xún）阳江，安徽段又称皖（wǎn）江，江苏扬州以下的河段又称为扬子江。

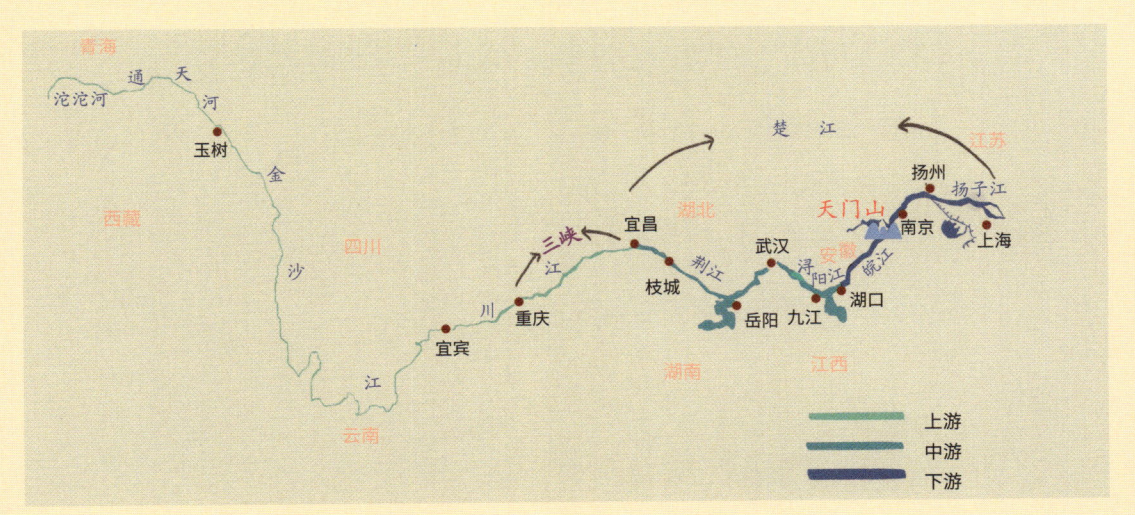

饮湖上初晴后雨

宋·苏轼

水光潋滟晴方好,
山色空蒙雨亦奇。
欲把西湖比西子,
淡妆浓抹总相宜。

注
饮湖上：在湖上喝酒。
潋滟：水面波光闪动的样子。
方：正。
空蒙：云雾迷茫缥缈的样子。
亦：也。
西子：即西施，春秋时代越国的美女。
相宜：适宜，适合。

♪ **诗文声律**
水光 ⇌ 山色
潋滟 ⇌ 空蒙
晴方好 ⇌ 雨亦奇

译
晴天时，阳光下的西湖水波光粼粼，非常美丽，下雨时，湖周的群山笼罩在迷蒙的烟雨中，若隐若现，也是一幅奇景。
想要把西湖比作美女西施，
不管是淡妆还是浓抹，都那么适宜。

诗歌助记

水光　潋滟　晴方好，
山色　空蒙　雨亦奇。

饮湖上初晴后雨
宋·苏轼

欲把 西湖 比 西子，
淡妆 浓抹 总相宜。

饮□□初□后□

宋·□□

水光潋滟□□□,

山色空蒙□□□。

□□□□比西子,

□□□□总相宜。

苏轼和西湖

北宋诗人苏轼和杭州有着很深的缘分,在他四十多年的为官生涯中,曾经两次到杭州任职,总共待了五六年。第一次是三十多岁时到杭州当通判,相当于州一级最高长官知州的副手,负责管理司法、粮食、税收、农田水利等工作,辅佐并监督知州。

时隔十多年后,苏轼再次回到杭州当知州。当时的西湖,四周水草疯长,淤泥堆积,使得西湖面积大大减少。苏轼到任后第二年,便带领杭州市民开挖淤泥,疏通西湖,并用挖出来的淤泥修筑了一条横贯西湖的长堤,这条长堤被称为苏公堤,简称"苏堤"。苏轼还派人测量了西湖水深,并在湖水最深处立了三个瓶形石塔作为标记,后来形成了著名的"三潭印月"景观。现在,"苏堤春晓"和"三潭印月"仍是杭州西湖非常热门的两个景点,均为"西湖十景"之一。

我为西湖贡献了两个景点。

《饮湖上初晴后雨》写于诗人第一次来杭州任职时。这组诗共两首,本诗为第二首。第一首中描写了西湖绚丽多彩的晨曦迎接来访的客人,到傍晚时分又下起了雨,热情挽留喝醉的客人欣赏西湖的雨中佳景。所以诗名中有"初晴后雨",诗中晴雨两种景色也分别对应用西施作比喻的浓抹和淡妆。

望洞庭

唐·刘禹锡

湖光秋月两相和,
潭面无风镜未磨。
遥望洞庭山水翠,
白银盘里一青螺。

注　洞庭：即洞庭湖，在今湖南北部。
　　　和：和谐。指水色与月光互相辉映。
　　　潭面：指湖面。
　　　白银盘：白色的银盘。这里比喻泛着白光的洞庭湖面。
　　　青螺：青绿色的螺。这里用来比喻洞庭湖中的君山。

译　秋月映照下的洞庭湖，水色与月光交相辉映，
　　　湖面风平浪静，像一面没精细打磨过的铜镜。
　　　远远望去，洞庭湖山水一片翠绿，
　　　仿佛白银盘子托着一枚青螺一样的君山。

诗歌助记

湖光　秋月　两相和，　潭面　无风　镜未磨。

遥望　洞庭　山水翠，　白银盘　里　一青螺。

望洞庭

唐·刘禹锡

望□□

唐·刘□□

□□□□两相和，
□□□□镜未磨。

遥望洞庭□□□，
□□□里一青螺。

白银盘里一青螺

刘禹锡是中唐时期诗人,和白居易出生于同一年,和韩愈、柳宗元、韦应物等人都是好朋友。

"刘白"组合 ←→ 刘禹锡 ←→ "刘柳"组合

白居易　　刘禹锡　　柳宗元

刘禹锡和柳宗元同一届考上进士,一同被贬官。

再为老弟的全集写篇序。

柳宗元死后,刘禹锡花了二十多年整理他的作品,编成《柳河东集》。

因为参与改革失败,刘禹锡被贬出朝廷,先后被派到多个偏远地区当官。公元824年,刘禹锡被调往和州(今安徽和县),在去和州的路上经过洞庭湖,写下了《望洞庭》,诗中白银盘里的"青螺"指的是洞庭湖中的君山岛。

洞庭湖现在是我国第三大湖(第一、第二分别是青海湖、鄱阳湖),在历史上面积更大,号称"八百里洞庭"。洞庭湖古代也称云梦泽,"洞庭"这个名字来自于湖中的"洞庭山",也就是现在的君山岛。山、湖同名,所以诗中说"洞庭山水翠",就像是"白银盘里一青螺"。

气蒸云梦泽,波撼岳阳城。
唐·孟浩然《望洞庭湖赠张丞相》

早发白帝城

唐·李白

朝辞白帝彩云间，
千里江陵一日还。
两岸猿声啼不住，
轻舟已过万重山。

注
发：启程。
白帝城：在今重庆奉节白帝山上。
朝：早晨。　辞：告别。
江陵：今湖北荆州。
还：归，返回。　啼：鸣，叫。
万重山：层层叠叠的山，形容山很多。

译　清晨告别五彩云霞映照中的白帝城，
千里之外的江陵，一天就可以到达。
两岸猿猴的啼声还在耳边回响，
轻快的小舟已经驶过万重青山。

诗歌助记

早发白帝城
唐·李白

朝辞　白帝　彩云间，　千里　江陵　一日还。
两岸　　　啼不住，
　　猿声　　　轻舟　已过　万重山。

早发□□城

唐·李□

朝辞□□彩云间，

千里□□一日还。

两岸□□啼不住，

□□已过万重山。

白帝城

李白因为加入被定为叛王的永王李璘的阵营,被朝廷发配去现在贵州一带的夜郎。垂头丧气的李白乘船逆长江而上,从四川前往夜郎,走到白帝城时收到了朝廷下发的赦令。李白欣喜万分,马上乘船返回江陵,并写下了这首诗。

本诗中的两个地名——白帝和江陵,都和三国时期的蜀汉皇帝刘备有关。白帝城位于现在重庆市奉节县的白帝山上,是东汉初年在四川成都一带称帝的公孙述所建,"白帝"是公孙述的自称。江陵则是古代荆州的重要城市。刘备为了夺回被东吴占去的荆州,亲自率军攻打东吴,大败而归,退守白帝城。病重的刘备在临死前,把儿子刘禅(shàn)托付给丞相诸葛亮,并说刘禅如果不堪大用,诸葛亮可以取代他自己当皇帝。这就是历史上著名的"白帝城托孤"。

长江三峡正是以白帝城为西边起点,东到湖北宜昌的南津关,全长193千米。李白乘船从白帝城到江陵,要依次经过瞿(qú)塘峡、巫峡、西陵峡。出三峡后到江陵,又有200千米左右,总共大约是400千米航程。如果每小时走20千米,20个小时就可以抵达江陵。从白帝城到江陵是沿长江顺流而下,加上李白心情畅快,更觉船行如飞。所以说,喜欢在诗中用夸张手法的李白,在"千里江陵一日还"上并没有太过夸张。

> 我告别的是白帝城,不是穿着白衣的皇帝。

采莲曲

唐·王昌龄

荷叶罗裙一色裁,
芙蓉向脸两边开。
乱入池中看不见,
闻歌始觉有人来。

注

采莲曲：古曲名。内容多描写江南一带水乡风光，采莲女的劳动生活。
罗裙：丝绸制成的裙子。
一色裁：像是用同一种颜色的衣料剪裁的。
芙蓉：荷花。
乱入：杂入，混入。
始觉：才知道。

诗文声律

荷叶 ⇌ 芙蓉
一色裁 ⇌ 两边开

译

碧绿的荷叶和采莲少女的罗裙像是用一种颜色的衣料裁剪而成，
粉红的荷花在两侧朝着少女的脸庞盛开。
少女混入莲池中看不见踪影，
听到歌声才觉察到有人前来。

诗歌助记

荷叶　罗裙　一色裁，
芙蓉　向脸　两边开。

采莲曲
唐·王昌龄

乱入池中　看不见，
闻歌　始觉　有人来。

□□曲

唐·王□□

荷叶罗裙□□□,芙蓉向脸□□□。

□□□□看不见,□□□□有人来。

七绝圣手王昌龄

王昌龄出生于山西太原,年轻时在边塞待过一段时间,创作了大量描写边塞风光、士兵渴望立功报国或是思念家乡的诗歌,是唐朝著名的边塞诗人,因为七绝写得尤其好,被称为"七绝圣手"。王昌龄和李白、孟浩然、王维、高适、岑参、王之涣等诗人都是好朋友。

王昌龄考中进士后,在朝廷工作了几年,后来被派到各地当过一些县级官员,五十岁时被贬到龙标当县尉,所以人们也称他为"王龙标"。县尉是县令的副手。龙标在现在湖南怀化的洪江市,唐朝时属于非常偏远的地方。李白听说王昌龄被贬到龙标,还写了一首诗寄给他,表达自己忧伤的心情和对朋友的关切之情。

> 我寄你一片忧愁,寄你一轮明月,寄你一阵清风。

> 老弟,能不能寄点吃的?

我寄愁心与明月,随风直到夜郎西。唐·李白《闻王昌龄左迁龙标遥有此寄》

据说有一天,王昌龄在龙标城外游玩,在一片荷池边见到一位美丽的少女正在荷池里边采莲边唱歌,于是写下了这首《采莲曲》。

司马光

选自《宋史·司马光传》

群儿戏于庭,一儿登瓮,足跌没水中。众皆弃去,光持石击瓮破之,水迸,儿得活。

注

司马光：字君实，陕州夏县（今山西夏县）人。北宋史学家、文学家，主持编纂了中国历史上第一部编年体通史《资治通鉴》。

庭：庭院。

瓮：口小肚大的陶器。

跌：失足摔倒。

皆：全，都。

弃去：逃走。

迸：涌出。

译

一群孩子在庭院里玩耍，一个小孩爬到大缸上，失足跌入缸中，水没过了头顶。其他小孩都跑掉了，只有司马光拿起一块石头砸破了缸，水流了出来，小孩子得以活下来。

司马光

选自《□□·司马光传》

群儿□□□，一儿□□，□□没水中。

□□弃去，光□□□□破之，□□，儿得活。

司马光剥核桃

司马光是北宋时著名的史学家、文学家。他从小聪慧，六岁时父亲开始教他读书，七岁时就已经能背诵史学经典著作《左氏春秋》。

司马光的父亲非常重视对孩子的教育，不仅教他读书作文，更教他诚实做人。司马光五六岁时，有一次摘了些还没有完全成熟的青核桃回来，但是核桃外面的青皮很难剥掉，姐姐帮他剥了好一阵也没剥下来，便扔下核桃走了。

这时，家里一个婢女教司马光把核桃在开水里泡一会儿，然后再剥，皮就很容易剥掉了。姐姐回来后，问这是谁想的好主意，小司马光就说是自己想出来的。没想到，父亲早就在一旁看在眼里，便把司马光狠狠地批评了一顿，对他说："做人不要撒谎！"

从这之后，司马光再也没撒过谎。他长大后，有一次叫人把他的一匹马牵去市场卖掉，并特意嘱咐卖马的人说："这匹马有肺病，一到夏天就会犯病。现在虽然看不出来，但在卖之前一定要告诉人家。"

绝句

唐·杜甫

迟日江山丽，
春风花草香。
泥融飞燕子，
沙暖睡鸳鸯。

注 迟日：春日。春天太阳落山的时间越来越晚，所以被称为"迟日"。
泥融：这里指泥土变湿软。
鸳鸯：一种水鸟，雄鸟与雌鸟常结对生活。

♪ 诗文声律

迟日 ⇌ 春风
江山丽 ⇌ 花草香
泥融 ⇌ 沙暖
飞燕子 ⇌ 睡鸳鸯

译 春天阳光下的江山格外秀丽，阵阵春风送来花草的芳香。
泥土变得湿润松软，燕子忙着衔泥筑巢，河边暖和的沙土上睡着成双成对的鸳鸯。

🗐 诗歌助记

迟日　江山**丽**，

春风　花草**香**。

绝句
唐·杜甫

泥融　**飞**　燕子，

沙暖　**睡**　鸳鸯。

绝句

唐·□□

迟日□□□，

春风□□□。

泥□飞□□，

沙□睡□□。

春天和燕子

古诗词中描写春天景色的特别多。春天到来，万物复苏，草长莺飞，鲜花盛开，呈现出一片欣欣向荣的蓬勃生机，很容易引发诗人们一种积极乐观、赞美大好春光的诗情。

燕子是我国很常见的一种鸟，喜欢在农家的屋檐下筑巢，就像家养的鸟一样，于是人们亲切地称它们为家燕。燕子筑巢的主要材料是湿泥和草茎，用唾液黏结在一起。诗中说的"泥融飞燕子"，就是指春天气温回升，冬天冻得硬邦邦的泥土融化后变得湿润松软，正是燕子可以衔来筑巢的好材料。

燕子是一种候鸟，冬天飞往南方过冬，等到来年春暖花开时再飞回北方，所以燕子经常和春天紧紧联系在一起。包含有"燕"字的诗词，大多都是描写春天景色的。不过要注意是燕（yàn）子的"燕"，与燕（yān）山的"燕"读音不同。

几处早莺争暖树，谁家新燕啄春泥。

唐·白居易《钱塘湖春行》

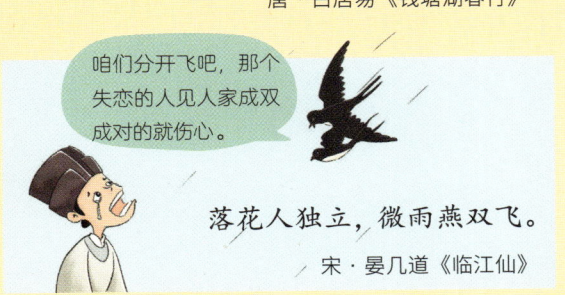

细雨鱼儿出，微风燕子斜。

唐·杜甫《水槛遣心二首》

落花人独立，微雨燕双飞。

宋·晏几道《临江仙》

无可奈何花落去，似曾相识燕归来。

宋·晏殊《浣溪沙》

惠崇春江晚景

宋·苏轼

竹外桃花三两枝，
春江水暖鸭先知。
蒌蒿满地芦芽短，
正是河豚欲上时。

注 惠崇春江晚景：惠崇是北宋僧人，能诗善画。这首诗是苏轼为惠崇的画作《春江晚景》写的题画诗。两人并没有生活在同一时期，惠崇去世二十年后苏轼才出生。

萎蒿：草名，嫩茎可以吃。
芦芽：芦苇的嫩芽，可以吃。
河豚：一种肉味鲜美的鱼，但是内脏有剧毒。河豚生活在海洋中，每年春天逆江而上，在淡水中产卵。

译 绿色的竹林，掩映着几枝粉红的桃花，
水中嬉戏的鸭子最先察觉到春天的江水已经变暖。
河滩上长满了萎蒿，芦苇也长出短短的新芽，
此时正是河豚要从大海游回江河，逆流而上产卵的季节。

目 诗歌助记

惠崇春江晚景
宋·苏轼

竹外 桃花 三两枝， 春江水暖 鸭先知。
萎蒿满地 芦芽短， 正是 河豚 欲上时。

惠崇春江□□

宋·□□

　　□□□□三两枝，

　　□□□□鸭先知。

　　□□满地□□短，

　　正是□□欲上时。

美食家苏轼

在《惠崇春江晚景》一诗中，出现了四种植物：竹、桃、蒌蒿、芦芽，两种动物：鸭、河豚，这里面有苏轼最喜爱的植物，也有他热爱的美食。

宁可食无肉，不可居无竹。无肉令人瘦，无竹令人俗。《於（yú）潜僧绿筠（yún）轩》

苏轼是一位美食家。被贬到湖北黄州时，他发明了小火慢煮的东坡肉。到广东惠州当官时，对当地的荔枝赞不绝口。

日啖（dàn）荔枝三百颗，不辞长作岭南人。《惠州一绝》

在江苏常州居住时，对河豚更是青睐（lài）有加。据说有一次，一位擅长烹饪河豚的朋友精心烹制了河豚，邀请苏轼品尝。美味端上桌后，主人陪在桌边，他的妻子和孩子们全都躲在屏风后偷听，想听听大诗人怎么评价这道菜。可苏轼只顾着吃，一句话都没说，大家都很失望。这时，只听苏轼"啪"的一声放下筷子，大声说道："就是死也值得了！"主人一家听后非常高兴。

苏轼写这首诗时，正是他从常州回到京城开封后不久。看到惠崇的《春江晚景》图，鸭子在春江中嬉戏，蒌蒿满地，芦芽正嫩，想到此时正是吃河豚的时节，于是题写了这首诗。

三衢道中

宋·曾几

梅子黄时日日晴,
小溪泛尽却山行。
绿阴不减来时路,
添得黄鹂四五声。

注 三衢道中：在去衢州的道路上。三衢即衢州，在今浙江，因境内有三衢山而得名。

梅子黄时：梅子变黄成熟的时节，在农历五月，初夏季节。

小溪泛尽：乘小船到小溪的尽头。泛，乘船。

却：再，又。

阴：树荫。

不减：没有减少，不少于，差不多。

译 梅子变黄成熟时，难得天天都是大晴天，乘小船到小溪的尽头再改走山间小路。路旁绿树成荫，与来时的路上一样浓密，更多添了几声黄鹂清脆的鸣叫声。

诗歌助记

三衢道中
宋·曾几

梅子 黄时 日日晴，小溪 泛尽 却山行。

绿阴 不减 来时路，添得 黄鹂 四五声。

□□道中

宋·□□

□□黄时日日晴,

□□泛尽却□□。

□□不减来时路,

添得□□四五声。

古诗词中的歌唱家

《三衢道中》的作者曾几生活在北宋末年、南宋初年。他写了很多爱国诗、悯农诗,但更多的还是表达闲情逸趣的写景诗,风格清新恬淡、活泼明快。曾几是南宋大诗人陆游的老师,比陆游大四十一岁,活到了八十多岁高龄。陆游在为他撰写的墓志铭里给予了老师很高的评价,曾几爱国忧民的思想也深深影响了陆游。

江南一带,梅子变黄成熟的这段时期大多都是阴雨连绵的天气,被称为"梅雨季节",所以诗中的"梅子黄时日日晴"是难得一见的好天气,诗人的心情也变得格外轻松愉快。最后一句诗中的几声黄鹂鸣叫,更为全诗增添了无穷的生机和意趣。

黄鹂也叫黄莺,是古诗词中出镜率非常高的一种鸟。黄鹂的羽毛主要为鲜亮的黄色,不过它更为独特的地方在于鸣叫声婉转如歌,悦耳动听。所以古诗词中写到黄鹂时,大多都是在描写它们好听的声音。

两个黄鹂鸣翠柳,一行白鹭上青天。
　　　　　　　唐·杜甫《绝句》

漠漠水田飞白鹭,
阴阴夏木啭(zhuàn)黄鹂。
　　　　唐·王维《积雨辋(wǎng)川庄作》

别人只关心你飞得高不高。

我却在乎你唱得好不好。

没错,我就是古诗词中的主唱担当。

留连戏蝶时时舞,自在娇莺恰恰啼。
　　　　　唐·杜甫《江畔独步寻花(其六)》

千里莺啼绿映红,水村山郭酒旗风。
　　　　　　　唐·杜牧《江南春》

忆江南

唐·白居易

江南好,风景旧曾谙。
日出江花红胜火,
春来江水绿如蓝。
能不忆江南?

注 忆江南：词牌名。
江南：这里指长江下游的江浙一带。
谙：熟悉。
绿如蓝：绿得比蓝草还要绿。如，这里同"于"，胜过。蓝，蓝草，其叶子可制青绿色染料。

诗文声律
日出 ⇌ 春来
江花 ⇌ 江水
红胜火 ⇌ 绿如蓝

译 江南好，那美丽的风景我曾经是多么熟悉。太阳出来，照得岸边的红花比火焰还要红，春天到来，碧绿的江水比蓝草还要绿。怎能叫人不想念江南？

诗歌助记

江南好，风景旧曾谙。  日出  江花  红胜火，
春来  江水  绿如蓝。  能不忆江南？

忆江南
唐·白居易

忆□□　唐·白□□

□□好，风景□□□。

日出□□红胜□，

春来□□绿如□。

能不忆□□？